Wir lesen deutsche Schrift

Ein Arbeitsbuch zum selbständigen
Lesenlernen der deutschen Schrift
von
Albert Kiewel, Eberhard Dietrich,
Inghild Stölting und Heinold Wachtendorf

Kallmeyer'sche Verlagsbuchhandlung

Inhaltsverzeichnis

Seite

Einführung in die deutsche Schreibschrift 3
Gegenüberstellung deutscher und lateinischer Schreibschrift 6
Lesestoff in deutschen Schreibschriften:
    Verkehrsschrift (seit 1934) 8
    Offenbacher Schrift von Rudolf Koch (seit 1926) 14
    Süterlin-Schrift (seit 1917) 18
    Deutsche Schrift um 1900 22
Einführung in die deutsche Druckschrift 26
Gegenüberstellung deutscher und lateinischer Druckschrift 28
Lesestoff in deutschen Druckschriften:
    Unger-Fraktur (Frakturen seit Anfang des 16. Jahrh.) 30
    Schwabacher (seit Ende des 15. Jahrh.) 34
    Claudius (Schrift von Rudolf Koch 1876—1934) 38

Die Texte sind von Inghild Stölting und Eberhard Dietrich: Von Eberhard Dietrich sind die Texte auf Seite 34—40 mit Ausnahme der Texte „Es brennt" auf Seite 36 und „Von Brunnen und Pumpen" auf Seite 37. Diese und alle übrigen Texte sind von Frau Inghild Stölting.

Mit diesem Heft kannst Du die gebräuchlichen deutschen Schreibschriften und Druckschriften kennenlernen.

Zunächst stehen immer die deutsche und die lateinische Schrift nebeneinander, damit Du durch Vergleichen lernen kannst. Dann folgen kleine Lesestücke zum Üben. Wenn Du einen Buchstaben nicht lesen kannst, findest Du ihn in der Buchstabengegenüberstellung auf den Seiten 3-5 für Schreibschriften und 26-27 für Druckschriften.

Vervielfältigungen jeder Art einschließlich fotomechanischer Wiedergabe ist verboten.
Alle Rechte vorbehalten © 1989 by Kallmeyer'sche Verlagsbuchhandlungs GmbH
Druck: Jütte Druck, Leipzig. Printed in Germany
10. Auflage
ISBN 3-7800-1350-9

a e i o u b f g l m n

a e i o u b f g l m n

ab, an, aus, allein, eben, egal, ein, eng-
gen, elf, in, im, innen, bin, oben, offen,
loben, um, genug, bummeln, müssig, bei,
bologna, bangen, lieben, fallen, fragen, faul,
fliegen, geben, glauben, genau, gemein,
leben, laufen, lang, lügen, malen, mo-
geln, mein, bimmeln, nein, neun, nennen.

A E I O U B F G L M N

A E I O U B F G L M N

Aal, Angel, Abel, Affe, Egon, Egon, Ellbo-
gen, Emil, Inge, Igel, Hona, Ingo, Oma, Ol-
ga, Ofen, Olaf, Ulmen, Umbau, Umfang,
Umgang, Ball, Bogen, Ballon, Begabung,
Fliege, Frieze, Flügel, Flaggen, Gang, Gabel,
Glauben, Gummi, Leib, Lauben, Lob, Lügen,
Mann, Mangel, Maul, Namen, Nabel, Neffe.

ä ö ü d f k p r s t w
ä ö u d h k p r s t v

älter, ändern, jägern, jäugen, ölig, lösen, böse, krönen, üben, müssen, überlegen, küssen,
dunkel, dienen, durstig, baden, Heft, hören, hei-
len, heiser, Kahl, Krumm, Rauen, Krabbeln, pin-
seln, paddeln, pfeifen, hüpfen, reiten, retten,
rund, saufen, surren, selbst, hoffen, trinken,
todeln, träumen, bitten, voll, viel, vergessen.

Ä Ö Ü D H K P R T W
Ä Ö Ü D H K P R S T V

Ärmel, Öfen, Äpfel, Ärger, Öl, Ösen, Ofen, Ohren,
Übel, Übung, Überfall, Überweisung, Daumen,
Dorf, Däumling, Durst, Heimat, Hose, Höhle,
Heinreute, Kaufmann, Kaiser, Kisten, Kloster,
Pastor, Palast, Puppen, Pferd, Pfennig, Riese,
Rätsel, Räuber, Rost, Süden, Säule, Sieb, Spur,
Sparen, Tasse, Trunk, Wasser, Wasse, Wind, Vogel.

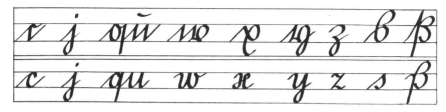

christlich, chinesisch, backen, schlaft, jagen, jau‑
chzen, jetzt, jubeln, quer, quatschen, quellen,
Quintschen, weinen, waschen, wachsen, wasch‑
salz, weiß, sagen, sorgen, siv, sorgen, sorgig,
Feldbörse, Gymnasium, zählen, Katze, zwei‑
feln, Arzt, süß, schnäuzlich, büßen, Spaß, Haß,
Hals, Hans, Haustiere, Fuß, Hausworst.

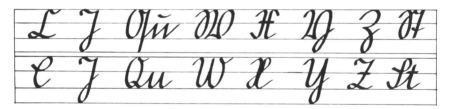

Camping, Chor, Carmen, Christ, Claudia, Jä‑
ger, Jakob, Jesus, Jerusalem, Jürgen, Jo‑
sef, Qual, Quark, Qualm, Quatsch, Quartett,
Walnuß, Wachs, Wächter, Walze, Weizen,
Xaver, Xylophon, X‑Beine, Ypsilon, Ypsen,
Zylinder, Zoo, Zinge, Zeugnis, Zitrone, Stadt,
Stadion, Stiftung, Stinne, Strauß, Stapellauf

Von Gott kommt alles her

Was nah ist und was ferne,
von Gott kommt alles her,
der Strohhalm und die Sterne,
das Sandkorn und das Meer.
Von ihm sind Büsch' und Blätter,
und Korn und Obst von ihm,
das schöne Frühlingswetter
und Schnee und Ungestüm.

Er läßt die Sonn' aufgehen,
er stellt des Mondes Lauf,
er läßt die Winde wehen,
er tut die Wolken auf.
Er schenkt uns so viel Freude,
er macht uns frisch und rot;
er gibt dem Vieh die Weide
und seinen Menschen Brot.

Matthias Claudius

Von Gott kommt alles her

Was nah ist und was fern,
von Gott kommt alles her,
der Strohhalm und die Stern,
das Sandkorn und das Meer.
Von ihm sind Büsch' und Blätter
und Korn und Obst von ihm,
das schön Frühlingswetter,
und Schnee und Ungestüm.

Er läßt die Sonn' aufgehen,
er stellt des Mondes Lauf,
er läßt die Winde wehen,
er tut die Wolken auf.
Er schenkt uns so viel Freuden,
er macht uns frisch und rot;
er gibt dem Vieh die Weide
und seinem Menschen Brot.

Matthias Claudius

Unsere Getreidearten

Weizen, Roggen, Gerste und Hafer sind unsere wichtigsten Getreidearten. Aus dem Weizenmehl werden Kuchen und Brötchen gebacken. Unser Schwarzbrot macht der Bäcker aus Roggenmehl. Die Gerste wird bei der Bierherstellung gebraucht. Haferkörner fressen die Pferde gern. Wir Kinder kennen und lieben die Haferflocken.

Kinder-Schützenfest

Es ist das schönste Dorffest des Jahres. Am Sonntag spielten wir mit unseren Lehrern auf der Schulspielwiese. Bei den älteren Schülern gab es lustige und spannende Wettkämpfe. Jeder bekam Schokolade, Kekse und Bonbons. — Nachher holten uns die Schützen mit einer Kapelle ab. Mit Musik zogen wir durch das Dorf. Auf dem Schützenplatz bekamen wir Kuchen und Kakao. Dann durften wir zweimal Karussell fahren. Als mein Geld für Naschereien und ein Würstchen ausgegeben war, ging ich nach Hause. Ich freue mich schon auf das nächste Schützenfest.

Bundesjugendspiele

Am Sonnabend hatten wir Bundesjugendspiele. Die meisten Kinder aus unserer Klasse
durften diesmal daran teilnehmen. Zunächst mußten wir vorexern. Das konnten wir alle nicht so
gut. Aber dann gingen wir an den Start. Mit u-
nserer Hoppuhr wurde unsere Laufzeit gemessen.
Am meisten Spaß machte uns das Springen in
die Sprunggrube. Von uns sprang Jürgen am
weitesten. Zum Schluß war Siegerehrung. Fünf
Kinder aus unserer Klasse haben eine Urkun-
de bekommen.

Am Bienenhaus

Klaus steht in der Nähe des Bienenstoc-
kes und sieht den Bienen bei der Arbeit zu.
Überall summt es. Das sind die fleißigen Arbeitsbienen. Sie fliegen aus und ein und sammeln Nektar und Blütenstaub. Klaus möchte
einmal die Bienenkönigin sehen. Ganz dicht
geht er an den Bienenkorb heran. Au, da hat ihn
etwas gestochen. Das war sicher die Biene, die
vor dem Flugloch Wache halten mußte.

Vom Moor

Oft kann das Wasser auf großen Bodenflächen nicht abfließen. Dann entsteht ein Moor. Das Moorgebiet ist mit Moos und Heidekraut überzogen. Aber auch im Moor leben Menschen. Der Moorbauer zieht Wassergräben und Kanäle durch das Moor. Das Wasser kann nun abfließen. So trocknet das Moor langsam aus und es entstehen fruchtbare Wiesen und Äcker. Jetzt kann der Bauer den Torf stechen und ihn als Heizmaterial verkaufen.

Die ersten Moorbauern lebten in ärmlichen Katen. Heute aber besitzt fast jeder Moorbauer ein kleines Siedlungshaus.

Wir vermehren Zimmerpflanzen

Unsere Grünpflanze hat viele Ableger. Heute haben wir einige davon abgebrochen. Nun stehen sie in einem Glas mit Wasser, damit sie Wurzeln bilden können. Wenn die Wurzeln lang genug sind, wollen wir die Ableger in einen Blumentopf pflanzen. Bevor wir den Topf mit Erde füllen, legen wir noch einige kleine Steine auf

den Topfboden. Nun pflanzen wir die Ablen=
ger ein und begießen sie tüchtig. Hoffentlich
wachsen alle gut an.

Am Inn

Am Sonnabend war schönes Wetter.
Wir gingen zum Inn. Zunächst waren wir
sehr enttäuscht, denn kein Wasser war
zu sehen. Nur dichtes Schilf breitete sich vor
uns aus. „Der Inn wächst langsam von den
Ufern her zu, das nennt man Verlandung",
sagte unser Lehrerin. Wir pflückten Schilf
und Schneidegras. Angelika schnitt sich da=
bei in den Finger.

Unser Fluß

Er entspringt aus einer Quelle. Als
Bach fließt er zunächst durch hügeliges Ge-
lände. Von beiden Seiten fließt das Wasser
kleiner Bäche hinzu. So wird aus dem Bach
langsam ein Fluß. In unserem Dorf ist er
schon fünf Meter breit. Bei unserer Kreis=
stadt fließt er in einen sehr großen Fluß, in
einen Strom.

11

Gerd hat ein neues Fahrrad

Gerd bekommt zum Geburtstag ein neues Fahrrad geschenkt. Sofort läuft er zu seinem Freund Jürgen und erzählt ihm davon: Es hat eine laute Klingel, einen Scheinwerfer vorn an der Lenkstange und ein rotes Rücklicht hinten am Schutzblech. Auch an den Pedalen hat es gelbe Rückstrahler. Gerd weiß auch, wie man sich richtig im Verkehr benehmen muß: Er darf auf der Straße nur hinter und nicht neben seinem Freund fahren und sich nicht hinter einen Lastwagen hängen.

Udo macht eine Radfahrt

Bevor Udo losfährt, guckt er sein Rad genau an. Er weiß, daß die Rücktrittbremse und die Vorderradbremse in Ordnung sein müssen. Der Scheinwerfer an der Lenkstange und der rote Rückstrahler müssen brennen. Auch die Pedalen müssen leuchten. Die Luftpumpe darf er auch nicht vergess-

12

ren. Jetzt kann Udo losfahren. Er fährt immer ganz rechts am Straßenrand, damit er die anderen Fahrzeuge nicht behindert. Plötzlich sieht er etwas! Ein Junge hat sich hinter einen Lastwagen gehängt. Aber Udo weiß, daß das verboten ist.

Himmelsrichtungen

Wir können die Himmelsrichtungen auf vielerlei Weise feststellen. Am leichtesten geht es mit dem Kompaß, denn die Magnetnadel zeigt immer nach Norden. Wenn wir eine Kirche sehen, wissen wir, daß Westen meist dort ist, wo der Kirchturm steht. Auch die Sonne zeigt uns die Himmelsrichtungen an: Morgens steht sie im Osten, mittags sehen wir sie im Süden, abends geht sie im Westen unter, und im Norden ist die Sonne nie zu sehen.

Vom Berg

In der Sprunggrube unseres Sportplatzes bauten wir aus Sand einen Berg. Es war ein Berg mit einem Schräghang und einem Steilhang. Er hatte einen spitzen Gipfel. Nun wollten wir wissen, wie hoch der Berg ist. Ingolf nahm einen dünnen Stab und steckte ihn senkrecht vom Gipfel des Berges bis zum Bergfuß. Unser Berg war neunzig Zentimeter hoch.

Wir banden unseren Adventskranz

Vor dem ersten Advent banden wir einen Adventskranz für unsere Klasse. Hans-Heinrich holte Tannengrün vom Gärtner. Mit einer alten Schere schnitten die Jungen wie la kleine Zweige davon ab. Nun konnten wir den Kranz binden. Christine hielt mit der linken Hand einen Reifen. Ingrid reichte ihr die Zweige zu,

Christina legte sie auf den Reifen und band sie mit dünnem Draht fest. Als unser Kranz gebunden war, sagte Rosi: „Nun müssen wir noch vier Kerzenhalter in den Kranz stecken." Martin hatte vier rote Kerzen mitgebracht. In jeden Kerzenhalter steckten wir eine rote Kerze. „Nun kann der erste Advent kommen", sagten wir.

Vögel am Fenster

Mutter und ich saßen in der warmen Stube und strickten. Hin und wieder aßen wir einen Keks. Draußen war es sehr kalt. Ununterbrochen fielen dicke Schneeflocken nieder. Oft unterbrach ich meine Strickarbeit und sah nach draußen. Ich beobachtete das lustige Treiben der Schneeflocken und bestaunte immer wieder die schöne Winterlandschaft. Auf einmal hör-

... wir Vögel auf dem Fensterbrett. Ich trat vorsichtig näher, aber im Nu waren unsere Gäste fort. Schnell holte ich Sonnenblumenkerne und den Handfeger. Mutter säuberte das Fensterbrett und streute Futter aus. Nachdem Mutter das Fenster geschlossen hatte, traten wir zurück. Gespannt warteten wir, ob die Vögel wiederkommen würden. Es dauerte nicht lange, und die Vögel stürzten sich gierig auf das Futter.

Als Vater am Abend von der Arbeit kam, bat ich ihn, mir ein .... – Kannst du dir denken, was ich mir wünschte?

Wir helfen unseren Singvögeln

Im Frühling hängen wir den Vögeln Nistkästen in die Bäume. Für die Schwalben nageln wir ein Hutzbrett unter das Dach. Dort

können sie ihren Nester bauen. Wenn
es im Sommer heiß und trocken ist,
stellen wir eine Vogeltränke auf.
Aber wir müssen oft frisches Wasser hinzutun, denn auch die Vögel
baden nicht gern in schmutzigem
Wasser.

Im Herbst schauen wir in
den Nistkästen nach, ob sie bewohnt
waren. Dann entfernen wir die lee-
ren Nester, denn sonst zieht dort Un-
geziefer ein.

Auch im Winter helfen wir
unseren Singvögeln. Wir streuen
ihnen Futter in das Futterhaus und
hängen eine Futterglocke auf.]

Der Buntspecht

Joachim und Klaus gehen im Wald spazieren. Plötzlich hören sie etwas hämmern. Ein Buntspecht ist es, der seine Nisthöhle baut. Die beiden Jungen setzen sich leise auf einen Baumstumpf und beobachten den Vogel. Sie sehen den Zimmermann des Waldes an einer Eiche sitzen. Mit seinen scharfen Krallen hält er sich am Baumstamm fest. Der Schwanz dient ihm als Stütze. Mit seinem scharfen Schnabel schlägt er Späne aus dem Stamm. Wenn das Loch fertig ist, schlüpft er hinein. Jetzt hat er einen Schlafraum. Hier legt er auch seine Eier.

Im Wald

Gestern ging Oberförster Bork mit uns in den Wald. Er erklärte uns, wie die einzelnen Bäume heißen. Die rauhen Kiefern, Lärchen und Fichten.

Das sind Nadelbäume. Aber auch Laub-
bäume standen im Wald. Unter einer
Eiche blieben wir stehen. „Wißt ihr, wie
alt dieser Baum ist?" fragte Herr Bock.
Zuerst mußten wir schätzen, dann zeigte
er uns, wie man am Baum das Alter ab-
lesen kann. Nun zählten wir die Astquir-
le, die bei Forstleuten gebräuchliche Metho-
de, das Alter lebender Bäume abzuschät-
zen. Eins, zwei, drei . . . . . . bis zwanzig.

Unsere Nadelbäume

Nun kenne ich alle Nadelbäu-
me, die in unserem Walde wachsen. Ich
kann sie am besten an ihren Nadeln er-
kennen. Am liebsten mag ich die Lärchen-
nadeln. Sie sind weich und stechen nicht in
den Finger. In kleinen Büscheln kommen
sie aus den Zweigen heraus. Die Kiefern-
nadeln sind die längsten. Wie eine Haar-
klemme sehen sie aus. Die Fichten von den
Tannen zu unterscheiden, ist gar nicht so

einfach. Oft sehen die Nadeln ganz ähnlich aus. Aber die Zapfen verraten mir, welches eine Fichte ist: Die Zapfen der Fichte hängen herunter, die Tannenzapfen stehen aufrecht.

Aus Samen werden Bäumchen

In der Forstbaumschule wird der Fichtensamen auf Beeten gesät. Nach einigen Wochen gucken die kleinen Keimlinge aus der Erde. Im nächsten Frühjahr werden die Pflanzen verschult, damit sich die Wurzeln ausbreiten können. Die kleinen Bäumchen wachsen später im Wald zu einer Schonung heran. Nach zehn Jahren läßt der Förster die kleinen und kranken Bäumchen herausschlagen, denn er will gutes Stangenholz haben.

Bei den Holzfällern

Neulich besuchten wir mit Oberförster Bork die Holzfäller im Wald. Da gab es viel zu sehen. Eine dicke Buche sollte gefällt werden. Wir waren alle sehr gespannt. Der Baummeister sägte zuerst mit der Motorsäge eine Fällkerbe in den Stamm. Nun wußten wir, in welche Richtung der Baum fallen mußte. Jetzt wurde der Stamm von der anderen Seite angesägt. Da begann die Buche zu schwanken. Kurz darauf sausten schon einige Äste durch die Luft, die sie beim Fallen mitgerissen hatte. Bums – da lag der Baumriese auf dem Boden. Die Erde bebte. Das Fällen dieses Baumes hatte keine Minute gedauert.

Der Tischler (Schreiner)

Vor einigen Tagen besuchten wir Herrn Kuhls in seiner Tischlerei. Er wollte uns einen Kasten für unsere Jockelkrücke machen. Die ganze Werkstatt roch nach Leim und rohem Holz. Überall lagen Hobelspäne und feines Sägemehl herum. Jürgen und Gerd durften Herrn Kuhls bei der Arbeit helfen. „Schlagt Euch nicht mit dem Hammer auf die Finger,", sagte Herr Kuhls. Aber die beiden Jungen machten ihre Arbeit gut. Sie wollen doch auch einmal Tischler werden.

Lieber Herbert!

Als wir uns neulich auf der Straße trafen, versprach ich, Dir ein=

mal von meiner neuen Tätigkeit
zu berichten. Du wirst dir denken
können, daß mir die Arbeit im Post=
amt viel Freude macht. Morgens
vor Dienstbeginn muß ich die Brief=
kästen in unserem Dorf ausleeren.
Mit dem vollen Postsack fahre ich
ins Postamt, um dort die Briefe
und Karten zu stempeln und zu
ordnen. Ich muß mich mit dieser Ar=
beit immer sehr beeilen, denn wenn
das Postauto kommt, muß alles
fertig sein. Vormittags darf ich auch
am Schalter helfen. Das macht mir
natürlich am meisten Spaß. Hier
muß ich Postanweisungen und Zahl=
karten entgegennehmen. Ab und zu
kommt auch ein Kunde, der Geld
auf sein Postsparbuch einzahlen
will. Manchmal bringt das Postauto

auch einen Eilbrief mit. Dann schwin-
ge ich mich sofort auf mein Fahrrad
und fahre los.
Du siehst, ich habe viel zu tun.
Herzliche Grüße
Dein Klaus

Unsere Gemeinde

In der letzten Woche war der
Bürgermeister unseres Ortes in unserer Klasse zu Besuch. Er erzählte
uns, wie unsere Gemeinde verwal-
tet wird und welche Aufgaben und
Pflichten ein Bürgermeister hat.
Wir erfuhren auch, wie der Bürgermeister gewählt wird. Das war
für uns etwas Neues. Zuerst nann-
ten Kommunisten der Demokra-

aufgestellt, die in den Gemeinde=
rat wollen. Jeder Einwohner darf
sich bei der Wahl einen der Bewer=
ber aussuchen, von dem er vermut=
et, daß er besonders geeignet ist.
Er macht dann auf dem Stimmzet-
tel ein Kreuz hinter seinem Na=
men. Die elf Kandidaten, welche
die meisten Stimmen bekommen,
sind gewählt. Sie sind die Ratsher-
ren des neuen Gemeinderates. Aus
ihrer Mitte wählen sie den Bür=
germeister. Der Bürgermeister
ist also der Vertreter der Gemeinde. Am nächsten Tag haben wir in
unserer Klasse auch einen Klassen-
sprecher gewählt. Nun wissen wir,
wie eine Wahl vor sich geht.

a e i o u l m n r s t
a e i o u l m n r s t

alle arm malen raten anstellen, essen leer ernten entlassen retten, innen irren nie sie reisen, lose mosten rosten soll trommeln, untreu urteilen murren sausen teuer, lassen laut lesen leise leisten, matt massieren mausen summen stumm, nennen narren nisten mieten rennen, rammen rasen rasieren rasten rollen, satt sauer selten stellen steil, tasten tauen treu tollen trauen

A E I O U L M N R S T
A E I O U L M N R S T

Allee Amsel Anlasser Arm Aster, Emma Esel Eisen Eule Eintritt, Insel Ilse Irma Italien Interesse, Otto Ort Osten Otmar Ostern, Urteil Ursula Unrat Unsinn Untertasse, Last Leim Leiste Lotte Lineal, Maler Meer Miete Maul Meise, Name Narr Nest Niere Not, Rasen Rose Riese Reise Raum, Samen See Sonne Seite Saum, Trottel Trost Trommel Tier Treue

ä ö ü b d f g h k p v
ä ö ü b d f g h k p v

ärgern ändern Lärm Rätsel Ängstigen, ölig böse tönen erröten Löhne, lügen übel Mühe müssen kühn, beten balgen beugen Leib Traube, dumm durstig doppelt Lied Leid, fallen frieren freuen feiern gaffen, gehen gären gönnen mager leugnen, hoffen harken hohl Mühe Neuheit, krabbeln kneifen kaufen kegeln Laken, paddeln predigen preisen hoppeln pfeifen, viel voll vergessen versagen verlieren

𝔄	𝔒	𝔘	𝔅	𝔇	𝔉	𝔊	ℌ	𝔎	𝔓	𝔙
Ä	Ö	Ü	B	D	F	G	H	K	P	V

Ärger Äbre Ärmel Äpfel Änderung, Öl Ölberg Öse Ofen Ohr, Übel Übung Übelkeit Übertreibung Überfall, Besen Beule Brause Bettler Bühne, Dorf Daumen Däumling Dampf Dunkelheit, Fibel Finger Feuer Feier Frost, Gänse Giebel Grube Gabel Gäste, Hermann Heimat Häuser Hase Heuboden, Käse König Kasten Krümel Krieg, Peter Pinsel Pastor Predigt Prahler, Vase Vogel Vater Vorrat Volk

c	j	qu	w	x	y	z	ß	s
c	j	qu	w	x	y	z	ß	s

das Abc campen lachen Krach Block, ja jemand jagen jubeln jaulen, quälen quieken quatschen quer quellen, wagen weiß Uwe Möwe waschen, Nixe fix Faxen Boxer Hexe, Bayern Teddybär Mayonnaise Baby Gymnasium, zählen zweifeln zeichnen zwitschern hetzen, büßen Faß reißen Schluß scheußlich, Haus Fuchs Hänschen Kreis Hanswurst

ℭ	𝔍	𝔔𝔲	𝔚	𝔛	𝔜	𝔷
C	J	QU	W	X	Y	Z

Carmen Camping Christ Chor Claudia, Jagd Jude Jauche Jürgen Jerusalem, Qualm Quark Quelle Quartett Quatsch, Wasser Weiche Wachs Weizen Wühlmaus, Xaver Xylophon X-Beine, Ypern Ypsilon, Zahl Zoo Ziege Zeichen Zeugnis

Unser Klassenausflug

Am Dienstag machten wir einen Ausflug in die Nachbarstadt. Wir besichtigten das Schloß und bewunderten im Museum das alte Bauernhaus. Danach stiegen wir auf den Turm der Stadtkirche. Von hier aus hatten wir einen herrlichen Blick über die Altstadt. Wie ein starker Ring liegt der Wall um die vielen Häuser. Diese sind eng aneinandergebaut. Da gibt es schöne Giebel- und Fachwerkhäuser. Der Marktplatz liegt in der Stadtmitte. Dort stehen auch die Kirche und das Rathaus. Von hier verlaufen die Straßen nach allen Richtungen. Oft erinnern die Namen der Straßen noch an die Handwerker, die dort wohnten und arbeiteten. Solche Straßen heißen: Schuhstraße, Schmiedestraße oder Zöllnerstraße.

In der Gärtnerei

Vor einigen Tagen waren wir in der Gärtnerei. Dort gab es viel Neues zu sehen. Zuerst führte uns Frau Oelker in das Gewächshaus. Hier fiel uns sofort die feuchte, warme Luft auf. Frau Oelker zeigte uns auch, wie man Blumenkohl pikiert. In einen Holzkasten füllte sie gedämpfte Erde, die mit einem Klopfer festgeklopft wurde. Mit einem Pikierholz bohrte Frau Oelker ein kleines Loch in die Erde und steckte die kleine Pflanze hinein. Damit das Pflänzchen nicht umkippen konnte, wurde die Erde mit dem Finger festgedrückt. Einige Kinder aus unserer Klasse durften es auch probieren. Das hat uns viel Spaß gemacht.

Unser Klassenausflug

Am Dienstag machten wir einen Ausflug in die Nachbarstadt. Wir besichtigten das Schloß und bewunderten im Museum das alte Bauernhaus. Danach stiegen wir auf den Turm der Stadtkirche. Von hier aus hatten wir einen herrlichen Blick über die Altstadt. Wie ein starker Ring liegt der Wall um die vielen Häuser. Diese sind eng aneinandergebaut. Da gibt es schöne Giebel- und Fachwerkhäuser. Der Marktplatz liegt in der Stadtmitte. Dort stehen auch die Kirche und das Rathaus. Von hier verlaufen die Straßen nach allen Richtungen. Oft erinnern die Namen der Straßen noch an die Handwerker, die dort wohnten und arbeiteten. Solche Straßen heißen: Schuhstraße, Schmiedestraße oder Töpferstraße.

In der Gärtnerei

Vor einigen Tagen waren wir in der Gärtnerei. Dort gab es viel Neues zu sehen. Zuerst führte uns Frau Oelker in das Gewächshaus. Hier fiel uns sofort die feuchte, warme Luft auf. Frau Oelker zeigte uns auch, wie man Blumenkohl pikiert. In einen Holzkasten füllte sie gedämpfte Erde, die mit einem Klopfer festgeklopft wurde. Mit einem Pikierholz bohrte Frau Oelker ein kleines Loch in die Erde und steckte die kleine Pflanze hinein. Damit das Pflänzchen nicht umkippen konnte, wurde die Erde mit dem Finger festgedrückt. Einige Kinder aus unserer Klasse durften es auch probieren. Das hat uns viel Spaß gemacht.

In der Brüterei

Neulich haben wir vor der Brutmaschine gestanden und zugesehen, wie die Küken aus den Eiern schlüpfen. Zuerst ist so ein Ei nur wenig angepickt. Das macht das Küken mit dem Eizahn. Dann kommen nach und nach der Kopf und die Flügel heraus. Zuletzt drückt das Küken die Eischale ganz auseinander. Die ausgeschlüpften Küken sind zuerst noch am ganzen Körper feucht und haben geschlossene Augen. Aber in der warmen Luft werden sie schnell trocken und sehen bald wie kleine gelbe Bällchen aus.

Der Frühling ist da

Nun ist es endlich Frühling geworden. Die Schneeglöckchen haben ihn eingeläutet. Bäume und Sträucher bekommen die ersten grünen Blätter. In den Gärten blühen Osterglocken, Primeln und Krokusse. Am Bach stehen die Weidenkätzchen in voller Blüte. Bienen und Hummeln summen um die Sträucher herum. Hier finden sie genug Nahrung. Weidenkätzchen dürfen wir nicht abpflücken, sie sind die erste Bienennahrung.

Ich lege ein Beet an

Mutter gibt mir einen Spaten und eine Harke (Rechen). Damit grabe ich mein Beet um und harke (reche) es glatt. Mit dem Stiel meiner Harke ziehe ich zwei gerade Rillen. Nun brauche ich nur noch die Samenkörner in die Erde zu legen und die Rillen wieder mit Erde zu bedecken. Wenn jetzt die Sonne kräftig scheint, wird der Samen bald aufgehen.

Die Bienen

Imker Schepelmann lieh uns einen Bienenkorb. Nun steht er in unserem Klassenraum. Der Korb ist aus Stroh und Kuhmist hergestellt, damit es die Bienen im Winter warm haben. In diesem Bienenstock kann ein Bienenvolk von 50 000 Bienen wohnen. Verschiedene Bienen leben in einem Bienenstock: die Königin, die Drohnen und die Arbeitsbienen. Die Königin allein legt die Eier in die sechseckigen Waben. Die Drohnen sind die männlichen Bienen. Die Arbeitsbienen haben drei Aufgaben: Sie müssen die jungen Bienen füttern, den Honig sammeln und das Bienenvolk verteidigen.

Eine Biene

An einem warmen Frühlingstage schlüpfte die kleine Biene aus ihrer Zelle. Nach kurzer Zeit ging es schon mit der Arbeit los. Sie mußte die Zellen säubern und die jungen Maden füttern. Als sie etwas größer geworden war, durfte sie das Flugloch bewachen. Später flog sie mit ihren Schwestern zu den blühenden Wiesen und sammelte Honig und Blütenstaub. Sie war eine fleißige Arbeitsbiene und füllte viele Zellen mit Honig. Eines Tages aber schlug ein kleiner Junge mit seiner Hand nach ihr. Da wollte sie sich wehren und stach ihn. Die kleine Biene aber mußte nun sterben.

Meine Tulpe

Im letzten Herbst schenkte mir meine Mutter eine Tulpenzwiebel. Ich pflanzte sie in mein Blumenbeet. Nun haben die ersten warmen Sonnenstrahlen die rote Blüte hervorgelockt. Am Tage öffnet sie weit ihre Blütenblätter, damit die Bienen hineinkriechen können. Dann sind die kleinen Blütengäste ganz gelb vom Blütenstaub. Aber sie bleiben nicht lange auf meiner Tulpe sitzen. Sie fliegen von Blüte zu Blüte.

Löschs Garten im Mai

Vor einigen Tagen haben wir bei Löschs über den Gartenzaun geguckt. Die Beete waren bestellt und mit Mist oder Torfmull gedüngt. Auf einigen Beeten kamen schon Salat, Radieschen und Spinat aus der Erde. Auf dem Winterbeet stand noch Porree. Osterglocken, Stiefmütterchen, Tulpen und Primeln blühten hinter dem Haus. Auch der Kirschbaum stand in voller Blüte. An der Hausecke lehnten ein Spaten, eine Harke und eine Hacke.

In unserem Dorf nistet ein Storchenpaar

Auf dem alten Schornstein hat das Storchenpaar sein Nest aus Reisig, Moos und Stroh gebaut. Damit es die Storchenkinder weich und warm haben, wurde die Kinderstube innen mit Federn ausgepolstert. Die Storchenmutter brütet vier Wochen lang auf ihren Eiern. Vater Storch aber fliegt zum nahen Teich und holt Fische und Frösche. Wir Kinder können es kaum erwarten, bis das erste Storchenkind über den Nestrand guckt.

Wir beobachten die Bohnen

Gestern haben wir uns eine Bohne genau angesehen. Zuerst wurde die Samenhaut abgemacht. Das ging ganz leicht, weil wir die Bohnen vorher ins Wasser gelegt hatten. Als wir die Samenhaut entfernt hatten, zerfiel die Bohne in zwei Keimblätter. Die Keimblätter enthalten die erste Nahrung für das junge Bohnenkind. Zwischen den beiden Keimblättern liegt der Keimling eingebettet. Er besteht aus dem Sproß und der Wurzel.

Zwei Vogelnester

Jürgen und Manfred haben uns zwei Vogelnester mitgebracht. Das eine gehört einem Singvogel. Er hat es in der Nähe eines Hauses gebaut, denn es besteht aus Watte, Heu, Stroh, Federn, Menschenhaaren und Wollfäden. Das andere Nest stammt von einem Waldvogel. Dieses wurde aus dünnem Reisig, Moos, Heu und Tannennadeln hergestellt. Wie viele Male mußten die kleinen Baumeister wohl hin- und herfliegen, bis ihr Nest fertig war?

Getreideernte

Bernd und Joachim stehen am Rande eines Weizenfeldes und sehen dem großen gelben Mähdrescher bei der Arbeit zu. Wie einfach das alles aussieht! Auf fast zwei Meter Breite faßt das Schneidwerk die Halme und schneidet sie ab. In den geräumigen Korntanks im Innern des Mähdreschers werden die Körner gespeichert und nach einigen Runden auf einen bereitstehenden Lastwagen geblasen. Hinten fällt das gepreßte Stroh hinaus und bleibt über den Stoppeln verstreut liegen.

Da kommt Bernds Großvater vorbei und stellt sich neben uns. „Wie viele Hände waren früher nötig, um dieses Feld abzuernten", erzählt er. „Zuerst mußten die Halme mit der Sense geschnitten werden. Dann wurden sie zu Garben gebunden und zu Stiegen aufgestellt. Erst nach Tagen wurde das Getreide eingefahren und im Winter auf der Tenne gedroschen. Heute erledigt der Mähdrescher alle diese Arbeitsgänge an einem Tag und nur ein Mensch ist dazu nötig."

Im Freibad

Ist das ein heißer Tag heute! Da kann man es nur im Wasser aushalten. Gleich nach dem Essen schwingen sich Hannelore und Jutta auf ihre Fahrräder und radeln zur Badeanstalt. Sie kaufen sich eine Eintrittskarte und ziehen sich schnell in der Umkleidekabine ihre Badeanzüge an. Nun geht es ins Wasser! Vorsichtig stecken sie erst den großen Zeh hinein. Brrr! Etwas kalt scheint das Wasser noch zu sein.
„Zimperliesen", ruft Jürgen und schubst die beiden Mädchen ins Wasser. Nun sind sie naß, und kalt ist es auch nicht mehr. Hannelore klettert zum Sprungturm hinauf und macht einen schönen Kopfsprung vom Dreimeterbrett. Jürgen, der die beiden vorhin geärgert hat, sieht ihr bewundernd zu. „Manchmal können Mädchen auch etwas", murmelt er vor sich hin. Ob ihm so ein eleganter Kopfsprung wohl auch gelingt?

In der Backstube

Wenn wir morgens um vier Uhr noch in unseren warmen Betten liegen, steht der Bäcker schon in seiner Backstube. Zuerst müssen die Brötchen gebacken werden. In die elektrische Knetmaschine gibt er Hefe, Wasser, Weizenmehl und etwas Salz. Schon nach fünf Minuten ist der Teig fertig durchgeknetet. Der Bäcker schneidet den großen Teigkloß in viele Teile, wiegt diese ab und legt sie nacheinander auf die Brötchenpresse. Immer 32 Brötchen werden auf einmal ausgestanzt. Nun braucht er die einzelnen Brötchen nur noch etwas zu formen, auf ein Blech zu legen und in den Gärschrank zu schieben. Wenn die Brötchen aufgegangen sind, werden sie geschwind in den Backofen geschoben. Huh, wie heiß es hier ist und wie laut das Feuer prasselt!
Um sieben Uhr geht Mutter zum Bäcker. Dann steht ein großer Korb voller frischer Brötchen im Laden.

Wir bauen ein Haus

Auf unserem Gartengrundstück soll unser Haus gebaut werden. Vater hat den Standort schon abgesteckt. Da rumpelt eines Tages ein großer Bagger heran. In wenigen Stunden hat er die Baugrube ausgehoben. Jetzt rücken die Maurer mit ihrer großen Betonmischmaschine an und gießen zuerst das Fundament. Wenn dieses fest und trocken ist, werden die Mauern hochgezogen. Dann kommen die Zimmerleute und setzen den Dachstuhl auf. Zum Schluß befestigen sie auf dem Dachfirst den Richtkranz mit den bunten Bändern. „Morgen haben wir Richtfest", ruft Achim seinem Freund zu, „da gibt es Würstchen und Kartoffelsalat".

Augen auf im Verkehr!

Gestern hatte mein Freund Volker mit seinem Fahrrad auf der Straße einen schweren Unfall. Nun liegt er mit einem dicken Gipsverband im Krankenhaus. Heute, in der ersten Schulstunde erzählte ich den Vorfall unserem Klassenlehrer. Eine ganze Stunde lang sprachen wir von den Gefahren auf der Straße. Dann schrieben wir uns einige Verkehrsregeln auf:

Wenn ich über eine Straße gehe, schaue ich erst nach links und dann nach rechts.

Ich denke daran, daß eine Verkehrsstraße kein Spielplatz ist.

Mit meinem Fahrrad fahre ich immer rechts und hänge mich nicht hinter einen Lastwagen.

Bevor ich abbiegen will, strecke ich meinen Arm in die Fahrtrichtung, die ich einschlagen will.

Im Dunkeln fahre ich nie ohne Licht.

Wenn Volker diese Regeln beachtet hätte, könnte er weiterhin mit uns draußen herumtoben.

Klaus spart

„Morgen Schulspartag" liest Klaus auf dem Schild, das neben der Schultür hängt. Am nächsten Tag in der großen Pause kommt Fräulein Schwarz mit einer eisernen Sparkasse. Klaus gibt ihr die zwei Mark, die er in den letzten beiden Wochen gespart hat und bekommt dafür Sparmarken im gleichen Wert.

Diese Marken klebt Klaus in sein Sparbuch. Bis Weihnachten möchte er sein Sparbuch vollgeklebt haben. Dann geht Klaus damit zur Sparkasse und läßt sich das Geld auszahlen. Außerdem bekommt er noch eine Prämie für sein fleißiges Sparen. Klaus wünscht sich schon lange ein Fahrrad. „Wenn Du schön sparst, lege ich den Rest des Geldes dazu", hatte sein Vater gesagt. Ob am Heiligen Abend das Fahrrad wohl unter dem Weihnachtsbaum steht?

Vater tapeziert unser Kinderzimmer

Als Vater heute von der Arbeit nach Hause kam, trug er ein dickes Bündel unter dem Arm. „Das sind die neuen Tapetenrollen für euer Kinderzimmer", rief er uns entgegen. „Ihr sollt mir auch beim Tapezieren helfen!" Ritsch=ratsch=ritsch, wir Kinder durften zuerst die alte Tapete von der Wand reißen. War das ein Vergnügen! Dann schnitt Vater die Länge der Tapetenbahnen zu und bestrich die Rückseite mit Tapetenkleister. „Bitte bringt mir den hohen Küchenstuhl", sagte Vater. Wir liefen davon, um das Gewünschte zu holen. Vater stieg hinauf und klebte die erste Tapetenbahn an die Wand. Mit einer großen Bürste strich er die Bahn von oben nach unten hin glatt, damit keine Falten zurückbleiben. Uwe durfte ihm dabei helfen. Doch was sahen wir plötzlich? Viele schwarze Flecke waren an der neuen Tapete zu sehen. Uwe hatte vor lauter Aufregung ganz vergessen, seine Hände vorher zu waschen.

Im Warenhaus

Das Warenhaus liegt mitten in unserer Stadt. Es ist ein riesiges Gebäude mit fünf Stockwerken, mehreren Eingängen und großen Schaufenstern. Breite Treppen führen von einem Stockwerk zum andern. Man kann aber auch den Fahrstuhl oder die Rolltreppen benutzen. Jedes Stockwerk hat verschiedene Abteilungen. Überall werden andere Sachen verkauft. Damit die Kunden sich besser zurechtfinden, hängen über den Abteilungen große Schilder, die angeben, was an den Tischen und Tresen verkauft wird. Da sind viele Aufschriften zu lesen: Lebensmittel, Herren= und Damenwäsche, Kinderkleidung, Sportartikel, Kurzwaren, Schreibwaren, Haushaltsartikel, Porzellan, Elektrische Geräte, Schmuck und Uhren, Lederwaren, Handarbeiten, Toilettenartikel. Viele Kunden interessieren sich für die Sonderangebote. Zahlreiche Verkäufer und Verkäuferinnen beraten und bedienen flink und freundlich die Kunden.

Auf der Post

Hans muß für seinen Vater zum Hauptpostamt gehen. Das liegt in der Nähe des Bahnhofes. Hans weiß gut Bescheid und geht in der großen Halle gleich an den richtigen Schalter. Ein Schild gibt an, was hier erledigt wird. Zunächst bezahlt er die Telefonrechnung am Schalter 7, dann kauft er noch Postwertzeichen (Briefmarken) am Schalter 4. Nun geht Hans in die Vorhalle zu den Postschließfächern. Mit einem Schlüssel öffnet er das Fach seines Vaters und nimmt die Briefe und Karten heraus. Sorgfältig schließt er wieder ab. Er sortiert sie und findet eine rote Karte. Nun muß er noch einmal zum Abholschalter gehen und ein Päckchen holen. Vater gibt ihm jedesmal fünfzig Pfennig für seinen Botengang. Das zahlt er beim nächsten Mal auf sein Postsparbuch ein. „Das ist eine feine Sache", sagt Hans, „ich habe schon sechzig Mark gespart!"

Ute liegt im Krankenhaus

Eines Tages klagte Ute über heftige Leibschmerzen. Als sie im Bett lag, legte Mutter ihr ein Heizkissen auf den Leib. Aber die Schmerzen verstärkten sich noch. Diese Krankheit konnte Mutter sich nicht erklären. Der Arzt mußte kommen. Als er Ute untersucht hatte, machte er ein ernstes Gesicht und sagte: „Das Kind hat eine Blinddarmentzündung und muß sofort ins Krankenhaus!" Bald darauf wurde Ute mit einem Krankenauto weggefahren. Als die Mutter am nächsten Morgen im Krankenhaus anrief, sagte die Krankenschwester: „Ute ist schon operiert, und es geht ihr gut." Da freute sich die Mutter. Nach zehn Tagen durfte Ute wieder nach Hause fahren. Beim Spielen mußte sie aber noch sehr vorsichtig sein.

Es brennt!

Tatü! Tata! Achtung! Achtung! Da kommt die Feuerwehr. Laut klingelt das Feuerwehrauto die Straße entlang. Alle Autos fahren an die Seite und halten an. Wir Kinder laufen schnell hinter der Feuerwehr her. Da hält der Löschwagen an. Die Feuerwehrmänner heben die Motorspritze aus dem roten Auto. Dann rollen sie schnell die Schläuche aus. Bald zischt das Wasser aus den Strahlrohren. Das Feuer ist schnell gelöscht. Ein Feuerwehrmann bleibt am Brandplatz als Wache zurück.

Liebe Heike!

Dein Schultag ist doch wohl kürzer als meiner. Ich stehe schon um Viertel vor sechs Uhr auf. Dann wasche ich mich und ziehe mich an. Mutter hat schon Kaffee gekocht. Um fünf Minuten nach sechs Uhr setze ich mich an den Tisch und frühstücke ordentlich. Mutter streicht mir in der Zeit meine Schulbrote. Ich habe in der letzten Zeit mein Frühstücksbrot zweimal zu Hause liegen lassen. In der Schule hatte ich großen Hunger. Deshalb wickelt Mutter es mir ein und steckt es mir selbst in die Büchertasche.
Um zwanzig Minuten nach sechs Uhr ziehe ich meinen Anorak über und gehe zum Bahnhof. Der Zug fährt um 6.33 Uhr ab. Um sieben Uhr sind wir schon in der Schule. Der Unterricht beginnt aber erst um 8 Uhr. In der Zwischenzeit überprüfen wir unsere Hausaufgaben oder spielen Quartett. Nach dem Schulschluß fährt unser Zug erst wieder um 14.00 Uhr. Da müssen wir also wieder warten. Um halb drei Uhr bin ich dann endlich zu Hause und bekomme etwas Warmes zu essen. Das ist eben der Nachteil, wenn man auf dem Dorf wohnt.

Der Schulzahnarzt kommt

Wenn man zum Zahnarzt soll, hat man immer ein klein wenig Angst. Vielleicht tut es ja doch weh. Als ich noch so überlege, wird mein Name schon aufgerufen. Der freundliche Herr sieht eigentlich gar nicht so furchterregend aus. „Nun mach Deinen Mund ganz weit auf", sagt er. Mit einem Spiegel und einer Sonde prüft er meine Zähne und sagt seiner Mitarbeiterin Buchstaben und Zahlen, deren Sinn ich nicht verstehe. „Deine Zähne sind in Ordnung!" sagt der Zahnarzt zu mir, und ich kann gehen. Froh, daß ich nicht zur Behandlung brauche, kehre ich in meine Klasse zurück.

Von Brunnen und Pumpen

Früher wurde das Wasser aus Brunnen geschöpft und in Eimern ins Haus gebracht. Später holte man das Wasser mit Handpumpen aus der Erde. Heute gibt es Pumpen mit einem Motor. Nun brauchen wir nicht mehr mit der Hand zu pumpen.

Neues Land aus dem Meer

Die Küstenbewohner der Nordsee bauen lange Dämme aus Pfählen und Reisig ins Watt hinaus. Diese Dämme werden Lahnungen genannt. Bei Flut werden sie vom Meerwasser überspült. Während das Wasser wieder abzieht, setzen sich an den künstlichen Dämmen Schlick und Pflanzenreste ab. So wird der Boden von Jahr zu Jahr höher. Es macht viel Mühe, Neuland zu gewinnen. Ein neugewonnenes Landstück nennt man Koog.

Kerstins Brieffreundin schreibt aus Brasilien

Wir gehen jeden Tag zum Strand. Wenn Ebbe ist, finden wir sehr viele Muscheln und Korallenstücke. Wir essen nach jeder Mahlzeit Wassermelonen oder irgend eine andere Frucht, die es in Deutschland nicht gibt.

In unserem Garten stehen drei Bananenbäume mit vielen Bananen, auch Palmen und andere Bäume, von denen ich die Namen noch nicht weiß.

Abends laufen an den Hauswänden die Geckos herum. Hier ist es feucht und heiß, und in den ersten Tagen ist mir das Atmen schwergefallen. Oft regnet es, weil gerade Regenzeit ist. Ich habe vergessen zu erklären, was Geckos sind. Geckos sind eine kleine Art Eidechsen. Sie gehen meistens nachts auf Mückenjagd. Sie haben einen ziemlich großen und langen Schwanz, sehr große Augen und sind ganz farblos. Sie sind ungefähr so groß wie mein Mittelfinger, aber ohne Schwanz. Unter den Dachbalken der Terrasse haben sie ihre Wohnung.

Ein Gast aus Berlin

Jörg ist aus Berlin. Seine Ferien verbringt er bei uns. Manchmal erzählt er von der großen Stadt. Sein Stadtteil heißt Berlin-Ruhleben. Er wohnt in der Spandauer Straße. Sie hat ihren Namen von der Stadt Spandau, weil sie in der Richtung auf Spandau zuläuft. Die Spandauer Straße ist sehr breit und verkehrsreich. Besonders bei großen Sportveranstaltungen im Olympia-Stadion brausen die Fahrzeuge unablässig über den „Damm", wie die Berliner sagen. Von der S-Bahn-Station Ruhleben strömen dann die Menschen in großen Scharen zum Stadion, zur Trabrennbahn oder zur Waldbühne. Die Fahrbahn ist asphaltiert und der Bürgersteig mit Platten belegt. Die Spandauer Straße ist sehr lang und hat Hausnummern von 1 bis 430. Geht man die Straße entlang, sind die geraden Zahlen auf der einen und die ungeraden auf der anderen Straßenseite.

Vater arbeitet am Band

Neulich erzählte Vater von seinem neuen Arbeitsplatz in der Fabrik. Vater arbeitet am Band. Darunter konnten wir uns nichts Rechtes vorstellen. In der Fabrikhalle ist ein langes Transportband aufgestellt. Es ist ein breites Band aus dickem Gummi, das auf Rollen läuft. Etwa im Abstand von fünf Metern ist ein Arbeitsplatz eingerichtet. Ein Regal enthält alle Bauteile, die für die Arbeit an diesem Platz benötigt werden. Es gibt zehn solcher Montageplätze, auf denen jeweils zwei oder drei Arbeiter zusammenarbeiten. Über diesem Band läuft noch eine Zubringerkette, die zu verschiedenen Einzelplätzen schwere und unhandliche Teile befördert.

Zu Beginn wird das Band eingeschaltet. Es läuft langsam, aber unaufhaltsam weiter, so daß der Arbeitsvorgang an einem Platz innerhalb einer bestimmten Zeit beendet sein muß. Sonst ist nämlich das Werkstück schon zu weit gefahren, und das Band muß angehalten werden. Das ist immer ärgerlich. Das erste Rohteil schwebt auf der Zubringerkette heran. Ein viereckiger Kasten aus Blech gleitet auf das Band. Flink wird die Kette ausgehakt, der bereitliegende Boden angesetzt, und mit elektrischen Schraubenziehern werden die Befestigungsschrauben angezogen. Da ist der Kasten bereits beim nächsten Platz angekommen. Hier setzen gleich die Arbeiter einen silberglänzenden Einsatz hinein und decken mit einem kleineren Plastikkasten den Innenraum ab. Blitzschnell sind die Schrauben eingezogen. Nacheinander werden nun die Kühlschlangen, die Pumpe und der Kühlmotor eingebaut. Das Ganze wird mit einem Deckel verschlossen, und der Innenraum wird mit Ablagerosten ausgestattet.

Kannst du dir denken, was an dem Band hergestellt wird, an dem Vater arbeitet?

An der Tankstelle

Ein Wagen fährt vor. Der Fahrer hupt kurz, und schon kommt der Tankwart aus seiner Kabine heraus. Freundlich grüßt er den Fahrer und fragt ihn nach seinen Wünschen. „Volltanken und Öl auffüllen, bitte!" sagt er. Der Tankwart öffnet den Tankdeckel, nimmt den Zapfhahn von der Säule und steckt ihn in den Einfüllstutzen. Sobald der Handhebel gedrückt wird, läuft eine elektrische Pumpe und befördert den Treibstoff aus dem unterirdischen Tanklager in den Wagentank. Der Tankwart kann in der Zwischenzeit den Ölstand kontrollieren. Der Meßstab zeigt genau an, wieviel Öl nachgefüllt werden muß. „Fahren Sie eine besondere Ölsorte?", fragt der Tankwart. „Nehmen Sie bitte Mehrbereichsöl", antwortet der Fahrer. Inzwischen hat sich die Benzinpumpe selbsttätig abgestellt. Der Tankwart liest auf der Zähluhr Menge und Preis ab. „20 Liter Benzin, macht 12 Mark achtzig, und 1/2 Liter Öl für 3 Mark zwanzig — zusammen genau 16 Mark". Tank und Kühler werden ordnungsgemäß geschlossen, der Fahrer zahlt, und zum Abschluß reinigt der Tankwart mit Fensterleder und Schwamm die Scheiben des Wagens. „Gute Fahrt und vielen Dank für ihren Besuch!" Da braust der Wagen schon wieder weiter.